LAROUSSE

Dictionnaire illustré

Anglais-Français · Français-Anglais

LAROUSSE

Direction de la présente édition /General Editor for the French Edition
Valérie Katzaros

Adaptation française/French Adaptation
Véronique Cébal

Secrétariat d'édition/Copy preparation
Paloma Cabot

Concept
SULA

Illustrations/Characters and Art
Enrique Rivera, Laurent Blondel

Conception graphique/Design
Atelier Dominique Lemonnier

Musique et paroles/Music and Lyrics
Gershon Kingsley and Steve Lemberg

Chansons anglaises interprétées par/English Songs performed by
Steve Lemberg, Ann Dawson

Chansons françaises interprétées par/French Songs performed by
Catherine Creux

Enregistrement des chansons et des textes français réalisé par/
French songs and words recorded by
Studio Bund

Remerciements à/Special Thanks to
Christophe Salet, Maureen Peterson

Fabrication/Production Managers
Nicolas Perrier, Pascal Harbonnier

ISBN : 2-03-540171-2
Larousse/VUEF

Sales in the US : Larousse Kingfisher Chambers Inc., New York
Distributeur exclusif au Québec : Messageries ADP, 1751 Richardson, Montréal

Achevé d'imprimer par Mame à Tours
Dépôt légal : avril 2001

CONTENTS • SOMMAIRE

Index

PÉDAGOGIE

Les enfants apprennent plus facilement lorsqu'on leur propose des activités amusantes, adaptées et interactives. Il en va de même pour l'initiation à une langue étrangère. Le présent ouvrage est un dictionnaire illustré anglais-français, français-anglais destiné aux enfants de 7 à 10 ans débutant en anglais. Ludique et complet, il propose un vocabulaire moderne et choisi avec soin ainsi que des activités permettant à l'enfant de s'amuser avec les mots qu'il apprend.

• Animées par des personnages colorés et vivants, seize scènes de la vie quotidienne de l'enfant suscitent son intérêt et stimulent son imagination. Les mots anglais mis en images dans les différentes scènes sont donnés avec leur traduction en français afin de rassurer l'enfant sur sa compréhension du vocabulaire. Par ailleurs, des phrases courtes lui permettent d'apprendre à s'exprimer en anglais sur des notions simples et pratiques telles que l'heure, la date, etc.

• Constamment sollicité par des activités interactives faisant appel à toutes les formes de son intelligence (mémoire visuelle, compréhension, capacité à reconnaître et à reproduire des chaînes graphiques, etc.), l'enfant peut s'amuser avec le vocabulaire qu'il acquiert.

• La mise en scène du vocabulaire est complétée par deux lexiques, anglais-français et français-anglais, qui recensent par ordre alphabétique tous les mots présents dans le dictionnaire.

• Un poster réunit d'autres représentations de la vie quotidienne dans lesquelles les personnages principaux dialoguent entre eux.

La musique est un langage universel. L'association paroles et musique est un moyen efficace pour apprendre une langue étrangère. Les chansons modernes et rythmées du CD audio, basées sur le principe de répétition des textes par l'enfant, lui permettent de mémoriser les mots en contexte et ce, de manière ludique. En outre, les mots qu'il a rencontrés dans les scènes étant regroupés par thèmes et prononcés, il peut se familiariser avec leur prononciation et s'exercer à les énoncer.

Avec ce dictionnaire novateur et interactif basé sur un apprentissage à la fois visuel et auditif, apprendre l'anglais devient vite un jeu motivant. C'est par ailleurs un outil idéal pour les parents qui souhaitent accompagner leur enfant dans cet apprentissage.

PEDAGOGY

Children learn best when the activity at hand is fun, relevant and interactive. The same is true in second language learning. This dictionary incorporates all three mentioned variables.

• Colorful and animated characters bring action and humor to sixteen, language rich, everyday life scenarios, capturing children's interest and imagination and focusing on carefully chosen up-to-date vocabulary.
• Interactive activities, found throughout the book, allow children to apply newly acquired second language skills, while reinforcing other basic learning skills such as: matching, classifying, sequencing, etc.

• The poster, with its own set of activities, further adds to the book's interactiveness and educational value.

• Relevant phrases provide working examples of the use of the language.

Music is a universal language. The use of music and lyrics is a winning combination when teaching and learning a second language. The enclosed upbeat and contemporary sing-along disk, with its six repetition-infused songs and lyric sheet, provides the necessary pronunciation modeling to both educate and motivate the learner. As the child first hears the songs and then joins in, he/she begins to acquire the new language in a most natural and interactive way. Language skills that are acquired in a non-threatening, spontaneous and fun manner will most likely be retained.

Learning a second language with this innovative and interactive dictionary becomes a challenging and fun endeavor.

MODE D'EMPLOI DU DICTIONNAIRE

Scène en couleurs représentant une situation de la vie quotidienne

Heure

Mots et phrases simples pour s'exprimer

Questions-réponses pour utiliser le vocabulaire acquis

Mots anglais mis en images avec leur traduction

Nombres

À chaque scène correspond une activité amusante dans laquelle l'enfant doit réutiliser des mots de la scène.

HOW TO USE THE DICTIONARY

Colorful scene introducing an everyday situation

Time

General reference and interactive words

Everyday phrases

English & French illustrated words

Numbers

Each scene is related to an activity where the child is asked to perform an action using the same words.

Family Tree   L'arbre généalogique

- Construct your own family tree by pasting your family photos on the appropriate squares.

- Construis ton propre arbre généalogique en collant les photos de ta famille dans les cases correspondantes.

the grandmother
la grand-mère

the grandfather
le grand-père

the un
l'onc

the mother
la mère

the father
le père

the brothe
le frère

Arthur - Arthur
the son - le fils

Alice - Alice
the daughter - la fille

Sneakers, the pet dog
Sneakers, le chien de la famille

Cati, the pet ca
Cati, le chat de la fa

Things about me:	Qui suis-je?	Name of my school ....
hair color	couleur des cheveux	Nom de mon école ....
eye color	couleur des yeux	I'm in the .... grade.
height	taille	Je suis en .... (classe).
weight	poids	I have .... best friends.
		J'ai .... très bons amis.

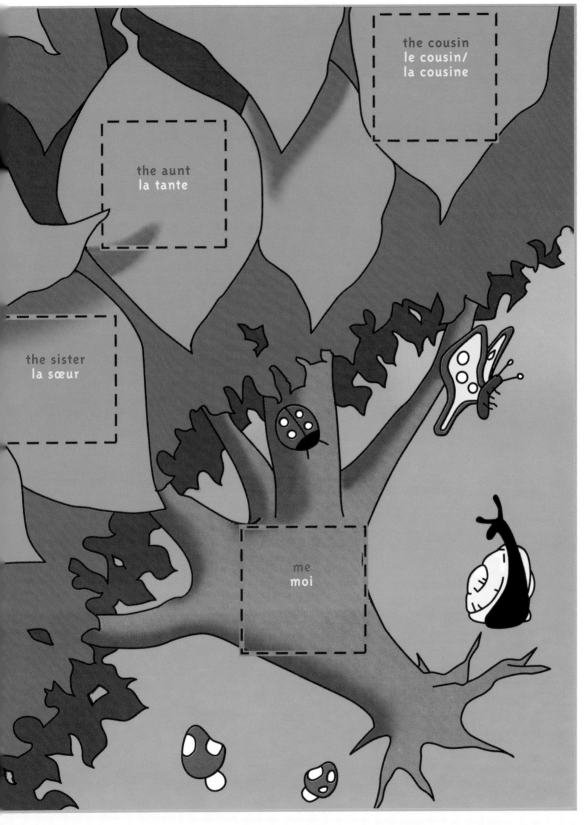

the cousin
le cousin/
la cousine

the aunt
la tante

the sister
la sœur

me
moi

- **This is
  my family**
- **Voici
  ma famille**

My name is ....
Je m'appelle ....

I was born in ....,
on ....
at .... a.m./p.m.
(city, day, month, year,
time)

Je suis né(e) à ....,
le ....
à .... heures
du matin/de l'après-
midi/du soir.
(ville, jour, mois,
année, heure)

I am .... years old.
J'ai .... ans.

Things I like:
Ce que j'aime:

color	couleur ....
song	chanson ....
singer	chanteur ....
movie	film ....
book	livre ....

Things I like:
Ce que j'aime:

sport	sport ....
food	aliment ....
actor	acteur ....
actress	actrice ....

Good Morning! Bonjour!

- **Greetings**
- **Salutations**

Hello!
Bonjour !

Good morning!
Bonjour !

Good afternoon!
Bonjour !

Good evening!
Bonsoir !

late
tard

outside
dehors

to stretch
s'étirer

to wake up
se réveiller

the bedroom
la chambre

to shave
se raser

an iron
un fer à repasser

to iron
repasser

the bed
le lit

the living room
le salon

early
tôt

sunrise
le lever du soleil

a tie
une cravate

a hose
un tuyau d'arrosage

a sofa
un canapé

a fireplace
une cheminée

to water
arroser

plants
des plantes

a garden
un jardin

1. What is the father doing?
   The father is ....

1. Que fait le père ?
   Le père ....

2. Where is Arthur?
   Arthur is in ....

2. Où est Arthur ?
   Arthur est au ....

It is six in the morning.

Il est six heures du matin.

- **Greetings**
- **Salutations**

How are you?
Comment vas-tu ?

Fine,
thank you.

Bien,
merci.

3. Is Sneakers happy?
   No, Sneakers is ....

3. Sneakers est-il content ?
   Non, Sneakers est ....

4. What is Cati doing?
   Cati is ....

4. Que fait Cati ?
   Cati ....

Time to Dress   L'heure de s'habiller

- **The Days of the Week**
- **Les jours de la semaine**

What day is it today?

Quel jour sommes-nous ?

Today is ....

Nous sommes ....

Sunday
dimanche

Monday
lundi

Tuesday
mardi

Wednesday
mercredi

en désor

a baseball bat
une batte de base-ball

the wall
le mur

a poster
un poster

to dress
s'habiller

the bed
le lit

a sweater
un pull

a belt
une ceinture

a hat
un chapeau

a shirt
une chemise

a lamp
une lampe

the door
la porte

a pillow
un oreiller

a vest
un gilet

shoes
des chaussures

a turtle
une tortue

a j
une

a co
un pe

socks
des chaussettes

beach sandals
des sandales de plage

1. What is Arthur doing?
   Arthur is ....

1. Que fait Arthur ?
   Arthur ....

2. What did Sneakers see?
   Sneakers saw a ....

2. Qu'a vu Sneakers ?
   Sneakers a vu une ....

It is seven in the morning.

Il est sept heures du matin.

a fish
un poisson

a cap
une casquette

a mirror
un miroir

a closet
un placard

a drawer
un tiroir

strong
fort

clothes
vêtements

the dresser
la commode

pants
un pantalon

perfume
du parfum

a cat
un chat

a hairbrush
une brosse à cheveux

a blouse
un chemisier

jewelry
des bijoux

a rug
un tapis

slippers
des chaussons

a skirt
une jupe

a handbag
un sac à main

the floor
le sol

boots
des bottes

- **The Days of the Week**
- **Les jours de la semaine**

What day is it today?

Quel jour sommes-nous ?

Today is ....

Nous sommes ....

Thursday
jeudi

Friday
vendredi

Saturday
samedi

3. Does Arthur's bedroom look neat?
No, Arthur's bedroom looks ....

3. La chambre d'Arthur est-elle en ordre ?
Non, la chambre d'Arthur est ....

4. What is Alice wearing?
Alice is wearing a ....

4. Que porte Alice ?
Alice porte une.......................

Breakfast Le petit déjeuner

- **The Months of the Year**
- **Les mois de l'année**

What month is it?

Quel mois sommes-nous ?

It's ....

Nous sommes au mois de ....

January
janvier

February
février

March
mars

April
avril

May
mai

June
juin

closed
fermé

the cabinet
le placard

eggs
des œufs

a frying pan
une poêle

to cook
faire la cuisine

an apron
un tablier

hot
chaud

to drink
boire

Coffee
du café

the stove
la cuisinière

the oven
le four

a spo
une cu

a p
une ass

the knee
le genou

a fork
une fourchette

a k
un co

1. What is Arthur's father drinking?
   Arthur's father is drinking ....

1. Que boit le père d'Arthur ?
   Le père d'Arthur boit ....

2. How many eggs are there?
   There are .... eggs.

2. Combien d'œufs y-a-t-il ?
   Il y a .... œufs.

It is eight in the morning.
Il est huit heures du matin.

- **The Months of the Year**
- **Les mois de l'année**

What month is it?

Quel mois sommes-nous ?

It's ....

Nous sommes au mois de ....

July
juillet

August
août

September
septembre

October
octobre

November
novembre

December
décembre

3. What is Alice doing?
   Alice is ....

3. Que fait Alice ?
   Alice ....

4. Where is Sneakers?
   Sneakers is in the ....

4. Où est Sneakers ?
   Sneakers est dans le ....

FAMILY TREE

WHAT'S MISSING?

Find the missing letter.

THE FAMILY

fa **t** her

un＿le

b＿other

so＿

siste **r**

mo＿her

a＿nt

d＿ughter

L'ARBRE GÉNÉALOGIQUE

QUE MANQUE-T-IL ?

Trouve la lettre manquante.

LA FAMILLE

p **è** re

on＿le

f＿ère

f＿ls

sœ **u** r

mè＿e

tan＿e

fi＿le

GOOD MORNING!

MAKE A LIST

List ten things found in a house.

1. ＿＿＿＿＿＿ 6. ＿＿＿＿＿＿

2. ＿＿＿＿＿＿ 7. ＿＿＿＿＿＿

3. ＿＿＿＿＿＿ 8. ＿＿＿＿＿＿

4. ＿＿＿＿＿＿ 9. ＿＿＿＿＿＿

5. ＿＿＿＿＿＿ 10. ＿＿＿＿＿＿

BONJOUR !

FAIS UNE LISTE

Cite dix choses que l'on trouve dans une maison.

1. ＿＿＿＿＿＿ 6. ＿＿＿＿＿＿

2. ＿＿＿＿＿＿ 7. ＿＿＿＿＿＿

3. ＿＿＿＿＿＿ 8. ＿＿＿＿＿＿

4. ＿＿＿＿＿＿ 9. ＿＿＿＿＿＿

5. ＿＿＿＿＿＿ 10. ＿＿＿＿＿＿

TIME TO DRESS

FIND THE WORDS

Find the following words:
blouse, suit, shoes, shirt, dress, tie

```
s  c  x  a  d  z  i  h  s  r
c  u  q  o  r  t  i  e  b  o
h  i  i  b  e  k  b  w  m  a
d  u  c  t  s  d  l  b  o  h
r  g  a  f  s  e  o  y  u  d
a  f  p  j  s  l  u  g  n  s
s  h  i  r  t  f  s  v  c  x
s  h  o  e  s  t  e  f  d  r
```

L'HEURE DE S'HABILLER

TROUVE LES MOTS

Trouve les mots suivants : chemisier, costume, chaussures, chemise, robe, cravate

```
c  c  c  h  e  m  i  s  e  r
o  r  h  o  r  f  i  m  s  w
s  p  a  e  t  a  r  o  b  e
t  j  u  t  m  i  u  p  t  r
u  c  h  e  m  i  s  i  e  r
m  a  u  d  r  i  h  i  e  p
e  c  r  a  v  a  t  e  n  e
m  r  e  b  i  l  g  n  e  r
c  h  a  u  s  s  u  r  e  s
```

BREAKFAST

WHAT GOES TOGETHER ?

Place an X on things that go together.

plate/tree	____
garden/comb	____
spoon/cup	____
fork/bed	____
knife/glass	____
napkin/table	____
shovel/skirt	____
cereal/bowl	____
tie/chair	____
rug/hat	____

Where do the things with X belong?

They belong in the _____
bedroom, bathroom, garage, kitchen.

LE PETIT DÉJEUNER

QU'EST-CE QUI VA ENSEMBLE ?

Mets une croix en face des mots qui vont ensemble.

assiette/arbre	____
jardin/peigne	____
cuillère/tasse	____
fourchette/lit	____
couteau/verre	____
serviette/table	____
pelle/jupe	____
céréales/bol	____
cravate/chaise	____
tapis/chapeau	____

Où trouve-t-on les choses marquées d'une croix ?

On les trouve dans le/la _____
chambre, salle de bains, garage, cuisine.

Off We Go! C'est parti !

The Seasons of the Year

Les saisons

What season is it?
En quelle saison sommes-nous ?

It's ....
Nous sommes en/au ....

winter
hiver

spring
printemps

to shine
briller

the sun
le soleil

behind
derrière

betwe
entre

a yard
un jardi

a rake
un râteau

a car
une voiture

the mailman
le facteur

a mailbox
une boîte aux lettres

g
l'h

an ambulance
une ambulance

a backpack
un sac à dos

to walk
marcher

to say goodbye
dire au revoir

to ride a bicycle
rouler
à bicyclette

a wheel
une roue

1. Where is the sun?
   The sun is in the ....

2. Où est le soleil ?
   Le soleil est dans le ....

2. What is Arthur riding?
   Arthur is riding a.........................

2. Que fait Arthur ?
   Arthur roule à ....

It is nine in the morning.
Il est neuf heures du matin.

a cloud
un nuage

to fly
voler

a roof
un toit

a chimney
une cheminée

the sky
le ciel

a house
une maison

a swing
une balançoire

a garage
un garage

up
en haut

to play
jouer

children
des enfants

a slide
un toboggan

a traffic light
un feu
tricolore

light
la lumière

down
en bas

a fence
ne barrière

the sidewalk
le trottoir

friends
des amis

the street
la rue

a skateboard
un skateboard

- **The Seasons of the Year**
- **Les saisons**

What season is it?
En quelle saison
sommes-nous ?

It's ....
Nous sommes
en ....

summer
été

fall
automne

3. What are the children doing?
   The children are ....

3. Que font les enfants ?
   Les enfants ....

4. Who is in Sneakers' backpack?
   The .... is in Sneakers' backpack.

4. Qui est dans le sac à dos de Sneakers ?
   Le .... est dans le sac à dos de Sneakers.

At School   À l'école

- **Writing**
- **L'écriture**

Let's write

....

Écrivons

....

a paragraph
un paragraphe

a sentence
une phrase

a word
un mot

a letter
une lettre

a triangle
un triangle

a globe
un globe

addition
l'addition

numbers
les nombres

a square
un carré

shapes
les formes

a circle
un cercle

a bookshelf
une étagère

multiplication
la multiplication

a computer
un ordinateur

the screen
l'écran

to listen
écouter

a tape recorder
un magnétophone

the blackboard
le tableau

the keyboard
le clavier

students
les élèves

to learn
apprendre

to read
lire

a book
un livre

science
les sciences

a microscope
un microscope

1. Where are the children?
   The children are in ....

2. What shapes do you see?
   I see a ...., a .... and a ....

1. Où sont les enfants ?
   Les enfants sont à l'.................

2. Quelles formes vois-tu ?
   Je vois un ...., un .... et un ....

It's ten in the morning.
Il est dix heures du matin.

math
les maths

geography
la géographie

a continent
un continent

a map
une carte

chalk
la craie

teacher
maîtresse

a wastepaper basket
une corbeille à papier

A | B
C | D

letters
les lettres

a telescope
un télescope

to write
écrire

an eraser
une gomme

a pencil
un crayon

raise hand
ver
doigt

paper
le papier

a notebook
un cahier

to think
penser

a diploma
un diplôme

to graduate
obtenir son diplôme

• Writing
• L'écriture

Let's put
....
Mettons
....

a period
un point

a comma
une virgule

a question mark
un point d'interrogation

an exclamation point
un point d'exclamation

3. What are the children doing?
   The children are ....

3. Que font les enfants ?
   Les enfants ....

4. Who is standing by the map?
   The .... is standing by the map.

4. Qui est debout à côté de la carte ?
   La .... est debout
   à côté de la carte.

Feelings   Les sentiments

- **The Five Senses**
- **Les cinq sens**

I see with my eyes.
Je vois avec les yeux.

I hear with my ears.
J'entends avec les oreilles.

water
l'eau

a tree
un arbre

a fountain
une fontaine

a parasol
un parasol

happy
heureux

afrai...
effray...

a bird
un oiseau

a leaf
une feuille

a nest
un nid

a branch
une branche

the he...
le cœ...

a kiss
un baiser

the trunk
le tronc

angry
en colère

sh...
tim...

love
l'amour

a blanket
une couverture

ugly
laid

a frog
une grenouille

pre...
jo...

a toad
un crapaud

1. How does the toad look?
   The toad looks ....

2. What is the boy playing with?
   The boy is playing with a ....

1. Comment est le crapaud ?
   Le crapaud est ....

2. Avec quoi le garçon joue-t-il ?
   Le garçon joue avec un ....

It is eleven in the morning.
Il est onze heures du matin.

- **The Five Senses**
- **Les cinq sens**

I taste with my tongue.

Je goûte avec la langue.

I smell with my nose.
Je sens avec le nez.

I touch with my fingers.

Je touche avec les doigts.

Who is Sneakers' friend?
The .... is Sneakers' friend.

Qui est l'ami de Sneakers ?
Le .... est l'ami
de Sneakers.

4. What went into Sneakers' mouth?
   A .... went into Sneakers' mouth.

4. Qu'est-ce qui est entré dans la bouche de Sneakers?
   Une .... est entrée dans la bouche
   de Sneakers.

The Stage   La scène

- **Musical Instruments**
- **Les instruments de musique**

Which instrument do you like to play?

De quel instrument aimes-tu jouer ?

I like to play the ....
J'aime jouer du /de la

....

clarinet
clarinette

trombone
trombone

trumpet
trompette

violin
violon

a spotlight
un projecteur

a curtain
un rideau

an ar
un ar

a scarf
une écharpe

un déguisement

to have fun
s'amuser

a boy
un garçon

a girl
une fille

to dance
danser

the stage
la scène

a h
une

the foot
le pied

a screwdrive
un tournevi

scissors
des ciseaux

an accordion
un accordéon

Scotch tape
du Scotch

a guitar
une guitare

1. What is the boy hanging?
   The boy is hanging ....

1. Qu'est-ce que le garçon accroche ?
   Le garçon accroche des ....

2. How many children are dancing?
   .... children are dancing.

2. Combien d'enfants sont en train de danser ?
   .... enfants sont en train de danser.

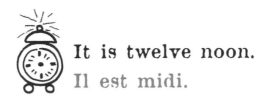

It is twelve noon.

Il est midi.

light bulbs
des ampoules

to climb
grimper

to hang
accrocher

a ladder
une échelle

to decorate
décorer

to sing
chanter

a microphone
un micro

a saw
une scie

a trumpet
une trompette

a piano
un piano

the conductor
le chef d'orchestre

a flute
une flûte

music
la musique

hammer
marteau

a saxophone
un saxophone

a nail
un clou

drums
une batterie

• Musical Instruments
• Les instruments de musique

Which instrument do you like to play?

De quel instrument aimes-tu jouer ?

I like to play the ....
J'aime jouer du / de la

....

drums
batterie

guitar
guitare

piano
piano

saxophone
saxophone

flute
flûte

What is the boy in the white shirt playing?
The boy in the white shirt is playing the ....

De quel instrument joue le garçon en chemise blanche ?
Le garçon en chemise blanche joue du ....

4. Who is singing?
The .... is singing.

4. Qui est en train de chanter ?
La .... est en train de chanter.

OFF WE GO!

MAKE A LIST

List ten things found outside.

1. _____ 6. _____

2. _____ 7. _____

3. _____ 8. _____

4. _____ 9. _____

5. _____ 10. _____

C'EST PARTI !

FAIS UNE LISTE

Cite dix choses que l'on trouve à l'extérieur.

1. _____ 6. _____

2. _____ 7. _____

3. _____ 8. _____

4. _____ 9. _____

5. _____ 10. _____

AT SCHOOL

FIND THE WORDS
Find the following words:
teacher, pencil, paper, letter, notebook

```
c p e n c i l q s
t a v l u z d y v
c p b v a k p s t
t e a c h e r j o
h r u l e r i y n
d e l e t t e r x
o w g n f m x z e
n o t e b o o k r
```

À L'ÉCOLE

TROUVE LES MOTS
Trouve les mots suivants :
maîtresse, crayon, papier, lettre, cahier

```
p a p r o s u l m
a c r a y o n e a
p a p i e r o t i
h h r s d a z t t
r i a d c v b r r
d e i t o h y e s
c r g h j e z c s
m a i t r e s s e
```

FEELINGS

WHAT'S MISSING?

Find the missing letter.

hap **p** y   sa **d**

angr __   af __aid

s __y   tir __d

ugl __   pret __y

LES SENTIMENTS

QUE MANQUE-T-IL ?

Trouve la lettre manquante.

he **u** reux   trist **e**

en c __lère   ef __rayé

ti __ide   f __tigué

la __d   j __lie

THE STAGE

WHAT GOES TOGETHER?

Place an X on things that go together.

violin/drums   _____

piano/table   _____

trumpet/wall   _____

rug/clarinet   _____

accordion/flute   _____

water/guitar   _____

saxophone/chair   _____

Where do the things with X belong?

They belong in the _____
kitchen, office, orchestra, closet.

LA SCÈNE

QU'EST-CE QUI VA ENSEMBLE ?

Mets une croix en face des mots qui vont ensemble.

violon/batterie   _____

piano/table   _____

trompette/mur   _____

tapis/clarinette   _____

accordéon/flûte   _____

eau/guitare   _____

saxophone/chaise   _____

Où trouve-t-on les choses marquées d'une croix ?

On les trouve dans un/une _____
cuisine, bureau, orchestre, placard.

Downtown   En ville

- **Jobs**
- **Les métiers**

What do you want to be?

Qu'est-ce que tu veux faire plus tard ?

I want to be ....

Je veux être ....

an artist
artiste

a pilot
pilote

a lawyer
avocat

an architect
architecte

to burn
brûler

a building
un bâtiment

les flammes

a fire engine
un camion de pompiers

a firefighter
un pompier

a dog
un chien

the police station
le commissariat de police

a store
un magasin

big
grand

new
nouveau

first
premier

victory
la victoire

a race
une course

a train
un train

to win
gagner

an engineer
un conducteur de train

1. What is burning?
   The .... is burning.

1. Qu'est-ce qui brûle ?
   Le .... brûle.

2. Who is arresting the robber?
   The .... is arresting the robber.

2. Qui arrête le voleur ?
   Le .... arrête le voleur.

It is one in the afternoon.
Il est une heure de l'après-midi.

the post office
la poste

a flag
un drapeau

a car
une voiture

to fix
réparer

a mechanic
un mécanicien

the engine
le moteur

to arrest
arrêter

a robber
un voleur

a police officer
un policier

the corner
le coin

a police car
une voiture
de police

a star
une étoile

a painter
un peintre

to stir
remuer

to paint
peindre

paint
la peinture

stop
arrêter

a motorcycle
une moto

• Jobs
• Les métiers

What do you want
to be?

Qu'est-ce que tu veux
faire plus tard ?

I want to be ....

Je veux être ....

a doctor
médecin

a dentist
dentiste

a teacher
professeur

a photographer
photographe

---

3. What is the mechanic fixing?
   The mechanic is fixing the ....

3. Que répare le mécanicien ?
   Le mécanicien répare la ....

4. Where is the star?
   The star is on the ....

4. Où est l'étoile ?
   L'étoile est sur la ....

At the Zoo   Au zoo

- **Animals**
- **Les animaux**

Which is your favorite animal?

Quel est ton animal préféré ?

My favorite animal is

....

Mon animal préféré est

....

the camel
le chameau

the goose
l'oie

the hippopotamus
l'hippopotame

the horse
le cheval

the kangaroo
le kangourou

the snake
le serpent

fire
le feu

a bear
un ours

to jump
sauter

a seal
un phoque

a tiger
un tigre

a man
un homme

balloons
des ballons

a child
un enfant

an ice cream
une glace

a lion
un lion

an ice c
vendo
un marc
de glace

a gorilla
un gorille

furious
furieux

to be hungry
avoir faim

a bridge
un pont

to cr
traver

a banana
une banane

1. What is the man selling?
   The man is selling ....

2. Who is jumping through fire?
   The .... is jumping through fire.

1. Que vend le monsieur ?
   Le monsieur vend des ....

2. Qui saute à travers le feu ?
   Le .... saute à travers le feu.

It is two in the afternoon.

Il est deux heures de l'après-midi.

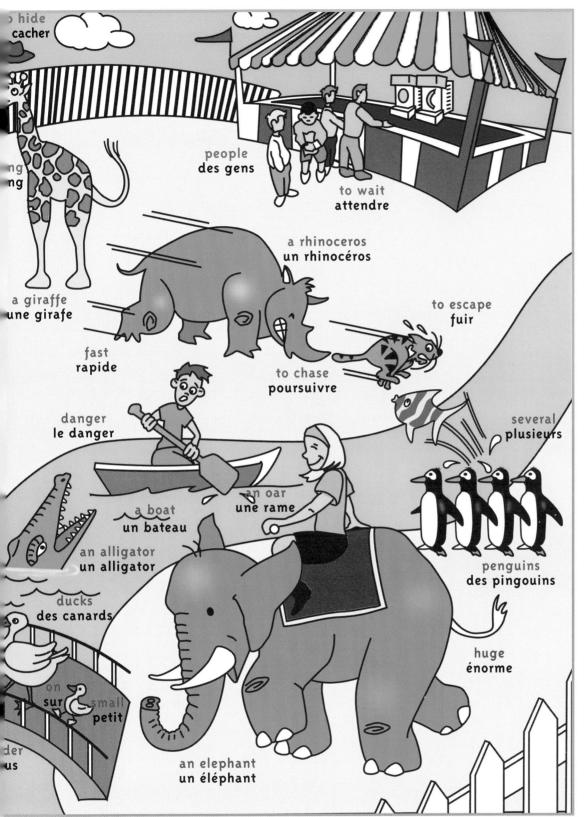

to hide
cacher

people
des gens

to wait
attendre

a rhinoceros
un rhinocéros

to escape
fuir

a giraffe
une girafe

fast
rapide

to chase
poursuivre

danger
le danger

several
plusieurs

an oar
une rame

a boat
un bateau

an alligator
un alligator

penguins
des pingouins

ducks
des canards

huge
énorme

on
sur

small
petit

an elephant
un éléphant

Animals
Les animaux

Which is your favorite animal?

Quel est ton animal préféré ?

My favorite animal is

....

Mon animal préféré est

....

the lamb
l'agneau

the monkey
le singe

the ostrich
l'autruche

the peacock
le paon

the zebra
le zèbre

the wolf
le loup

3. Which animal has a long neck?
   The .... has a long neck.

3. Quel animal a un long cou ?
   La .... a un long cou.

4. Where is Alice sitting?
   Alice is sitting on the ....

4. Où Alice est-elle assise ?
   Alice est assise sur l'.....................

Shopping Les courses

- **Fruits and Vegetables**
- **Les fruits et légumes**

What are you going to buy?

Qu'est-ce que tu vas acheter ?

I'm going to buy ......

....

Je vais acheter ....

....

apples
des pommes

cherries
des cerises

potatoes
des pommes de terre

carrots
des carottes

fish
poisson

chicken
poulet

beef
bœuf

a shelf
une étagère

cans
des boîtes de conserve

meat
viande

delicious
délicieux

bones
des os

lemon
des citr

few
peu

a grocery cart
un Caddie

many
beaucoup

full
plein

to pay
payer

nothing
rien

a lady
une dame

1. Where is Sneakers?
   Sneakers is at the ....

1. Où est Sneakers ?
   Sneakers est au ....

2. What does Sneakers need to do?
   Sneakers needs to ....

2. Que doit faire Sneakers ?
   Sneakers doit ....

It is three in the afternoon.

Il est trois heures de l'après-midi.

SUPERMARKET
SUPERMARCHÉ

cheese
fromage ham
jambon

vegetables
des légumes

to put
mettre

oranges
des oranges

cauliflowers
des choux-fleurs

to buy
acheter

to push
pousser

corn
du maïs

celery
du céleri

lettuces
des laitues

carrots
des carottes

a dustpan
une pelle

limes
des citrons verts

strawberries
des fraises

pears
des poires

watermelons
des pastèques

apples
des pommes

empty
vide

to clean
nettoyer

pineapples
des ananas

fruit
les fruits

a mop
une serpillière

- **Fruits and Vegetables**
- **Les fruits et légumes**

What are you going to buy?

Qu'est-ce que tu vas acheter ?

I'm going to buy ......

....

Je vais acheter ....

....

a cauliflower
un chou-fleur

grapes
du raisin

a lettuce
une laitue

pears
des poires

tomatoes
des tomates

3. What is Arthur's mother pushing?
Arthur's mother is pushing a ....

3. Que pousse la mère d'Arthur ?
La mère d'Arthur pousse un ....

4. What is the man getting?
The man is getting ....

4. Que prend le monsieur ?
Le monsieur prend des ....

Sports Les sports

What is the weather like?

Quel temps fait-il ?

It's ....

Il fait ....

hot
chaud

cold
froid

high
haut

the moon
la lune

lourd

basketball
le basket-ball

to shoot
tirer

the winner
le gagnant

Larousse

a trophy
un trophée

the net
les filets

a spider
une araignée

to play
jouer

a ball
un ballon

a bottle
une bouteille
to be thirsty
avoir soif

la langue

to run
courir

ready
prêt

a game
un match

1. Who has a whistle?
   The .... has a whistle.

1. Qui a un sifflet ?
   L' .... a un sifflet.

2. What is Sneakers holding?
   Sneakers is holding a ....

2. Que tient Sneakers ?
   Sneakers tient un ....

It is four in the afternoon.
Il est quatre heures de l'après-midi.

- **The Weather**
- **Le temps**

What is the weather like?

Quel temps fait-il ?

It's ....

Le temps est ....

cloudy
nuageux

rainy
pluvieux

sunny
ensoleillé

a stadium
un stade

light
léger

the scoreboard
le tableau
d'affichage

la foule

crier

une
boisson
gazeuse

to sell
vendre

to sit
s'asseoir

ice
la glace

a hotdog
un hot dog

a coach
un entraîneur

the referee
l'arbitre

soccer
le football

istle
fflet

to kick
shooter

the field
le terrain

3. What is Arthur playing?
Arthur is playing ....

3. À quoi joue Arthur ?
Arthur joue au ....

4. What did Arthur kick?
Arthur kicked the ....

4. Dans quoi Arthur a-t-il shooté ?
Arthur a shooté dans le ....

DOWNTOWN
WHAT'S MISSING?
Find the missing letter.

VEHICLES

ca **r**

bu __

helic __ pter

sh __ p

motorc __ cle

tr **a** in

airp __ ane

bicy __ le

amb __ lance

tru __ k

EN VILLE
QUE MANQUE-T-IL ?
Trouve la lettre manquante.

VÉHICULES

voit **u** re

auto __ us

hélico __ tère

bate __ u

m __ to

tr **a** in

avi __ n

bic __ clette

ambul __ nce

ca __ ion

AT THE ZOO
MAKE A LIST
List eight zoo animals.

1. _____ 5. _____

2. _____ 6. _____

3. _____ 7. _____

4. _____ 8. _____

AU ZOO
FAIS UNE LISTE
Cite huit animaux du zoo.

1. _____ 5. _____

2. _____ 6. _____

3. _____ 7. _____

4. _____ 8. _____

SHOPPING

WHAT GOES TOGETHER?

Place an X on things that
go together.

milk/soil   ____   ham/cheese   ____
cloud/apple   ____   pear/corn   ____
curtain/plants   ____   carrots/cat   ____
fruit/sofa   ____   pillow/beef   ____
bone/grass   ____   celery/lettuce   ____

Where do the things with X belong?

They belong in the   _____
supermarket, post office, hospital, garden.

LES COURSES

QU'EST-CE QUI VA ENSEMBLE?

Mets une croix en face des mots qui
vont ensemble.

lait/terre   ____   jambon/fromage ____
nuage/pomme   ____   poire/maïs   ____
rideau/plantes   ____   carottes/chat   ____
fruit/canapé   ____   oreiller/bœuf   ____
os/herbe   ____   céleri/laitue   ____

Où trouve-t-on les choses marquées d'une croix?

On les trouve   _____
au supermarché, à la poste, à l'hôpital, au jardin.

SPORTS

FIND THE WORDS

Find the following words:
soccer, game, flag, trophy, referee,
field

```
u  x  p  j  t  t  z  f
r  e  f  e  r  e  e  i
r  q  c  f  o  o  g  e
f  g  e  l  p  p  y  l
r  a  k  a  h  h  a  d
l  m  z  g  y  y  v  x
y  e  s  o  c  c  e  r
c  s  u  k  z  n  t  e
```

LES SPORTS

TROUVE LES MOTS

Trouve les mots suivants :
football, match, drapeau, trophée,
arbitre, terrain

```
f  a  r  d  u  r  i  e
o  t  e  r  r  a  i  n
o  r  g  a  v  i  r  e
t  r  o  p  h  e  e  z
b  x  t  e  n  u  e  b
a  j  m  a  t  c  h  o
l  i  s  u  d  r  e  u
l  a  r  b  i  t  r  e
```

At the Hospital   À l'hôpital

- **Body Parts**
- **Les parties du corps**

Name some body parts.

Cite quelques parties du corps.

the face
le visage

the neck
le cou

the back
le dos

the elbow
le coude

the foot
le pied

an X-ray
une radiographie

the hand
la main

a doctor
un médecin

a skeleton
un squelette

to take care of
s'occuper de

an emergency
une urgence

hurt
blessé

a patient
un patient

a wheelchair
un fauteuil roulant

a cast
un plâtre

broken
cassé

a woman
une femme

a nurse
une infirmière

the emergency room
les urgences

to w
trava

1. Where is Arthur?
   Arthur is at the ....

2. Who is taking care of Arthur?
   The .... is taking care of Arthur.

1. Où est Arthur ?
   Arthur est à l' ....

2. Qui s'occupe d'Arthur ?
   Le .... s'occupe d'Arthur.

It is five in the afternoon.
Il est cinq heures de l'après-midi.

blood
le sang

the body
le corps

the brain
le cerveau

the arm
le bras

the heart
le cœur

the stomach
l'estomac

the fingers
les doigts

the leg
la jambe

the intestine
l'intestin

the kidneys
les reins

the head
la tête

worried
inquiet

a magazine
un magazine

to cry
pleurer

to enter
entrer

the rope
la corde

a glove
un gant

to water-ski
faire du ski nautique

pain
la douleur

a surgeon
un chirurgien

the waiting room
la salle d'attente

- **Body Parts**
- **Les parties du corps**

Name some body parts.

Cite quelques parties du corps.

the wrist
le poignet

the hip
la hanche

the thigh
la cuisse

the knee
le genou

the ankle
la cheville

3. What is Sneakers doing?
   Sneakers is ....

3. Que fait Sneakers ?
   Sneakers ....

4. What is Cati doing?
   Cati is ....

4. Que fait Cati ?
   Cati ....

At the Airport   À l'aéroport

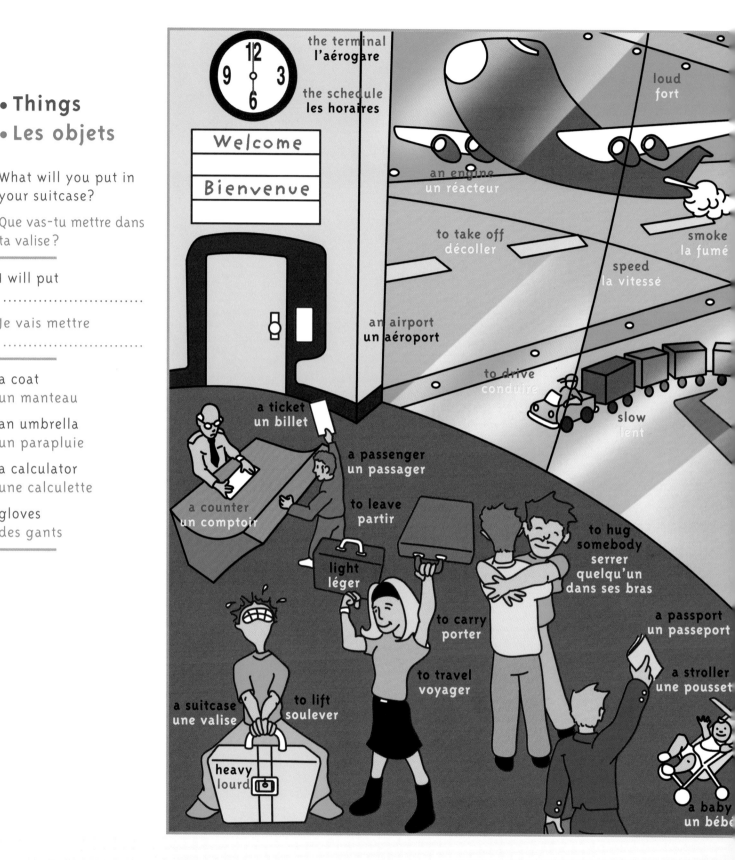

• Things
• Les objets

What will you put in
your suitcase?

Que vas-tu mettre dans
ta valise?

I will put

....

Je vais mettre

....

a coat
un manteau

an umbrella
un parapluie

a calculator
une calculette

gloves
des gants

the terminal
l'aérogare

the schedule
les horaires

Welcome

Bienvenue

an engine
un réacteur

to take off
décoller

speed
la vitesse

an airport
un aéroport

to drive
conduire

loud
fort

smoke
la fumé

slow
lent

a ticket
un billet

a counter
un comptoir

a passenger
un passager

to leave
partir

light
léger

to carry
porter

to hug
somebody
serrer
quelqu'un
dans ses bras

a passport
un passeport

to travel
voyager

a stroller
une poussett

a suitcase
une valise

to lift
soulever

heavy
lourd

a baby
un bébé

1. Who rides on airplanes?
.... ride on airplanes.

2. Where do airplanes land?
Airplanes land on ....

1. Qui prend l'avion?
Les .... prennent l'avion.

2. Où les avions atterrissent-ils?
Les avions atterrissent sur les ....

It is six in the evening.
Il est six heures du soir.

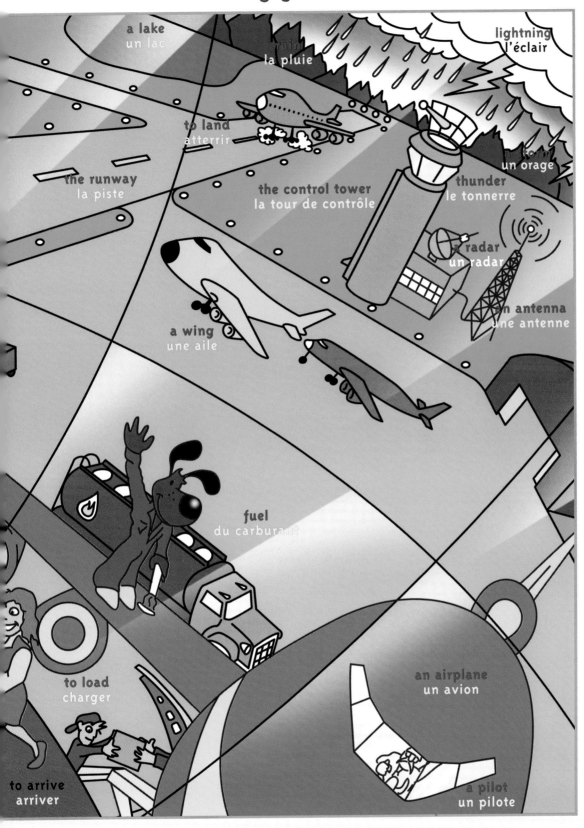

a lake
un lac

lightning
l'éclair

rain
la pluie

to land
atterrir

un orage

the runway
la piste

the control tower
la tour de contrôle

thunder
le tonnerre

a radar
un radar

an antenna
une antenne

a wing
une aile

fuel
du carburant

to load
charger

an airplane
un avion

to arrive
arriver

a pilot
un pilote

• **Things**
• **Les objets**

What will you put in
your suitcase?

Que vas-tu mettre dans
ta valise?

I will put

....

Je vais mettre

....

soap
du savon

a dictionary
un dictionnaire

a bathing suit
un maillot de bain

shampoo
du shampooing

3. Is an airplane light or heavy?
   An airplane is ....

3. Un avion, c'est lourd ou léger?
   Un avion, c'est ....

4. What are the people carrying?
   The people are carrying ....

4. Que portent les gens?
   Les gens portent des ....

Birthday Party   L'anniversaire

- **Gifts**
- **Les cadeaux**

What do you want for
your birthday?

Que veux-tu pour ton
anniversaire ?

I want ....

Je veux ....

a toy
un jouet

a doll
une poupée

a game
un jeu

a vase
un vase

a radio
une radio

marron

chicken
du poulet

to take a picture
prendre une photo

came
un appa
photo

black
noir

to hold
tenir

purp
viole

a sofa
un canapé

jealous
jaloux

a tablec
une na

the telephone
le téléphone

yellow
jaune

white
blanc

a gif
un cad

1. What is Arthur going to blow out?
   He is going to blow out the ....

2. Why is Arthur getting gifts?
   Because it is his ....

1. Que va souffler Arthur ?
   Il va souffler les ....

2. Pourquoi Arthur reçoit-il des cadeaux ?
   Parce que c'est son ....

It is seven in the evening.
Il est sept heures du soir.

lebrate
êter

red
rouge

to laugh
rire

to blow
out
souffler

cake
un gâteau

orange
orange

blue
bleu

the office
le bureau

a desk
un bureau

candles
des bougies

a smile
un sourire

pepper
le poivre

bread
du pain

juice
du jus
de fruit

food
la nourriture

dinner
le dîner

to applaud
applaudir

a salad
une salade

green
vert

a party
une fête

pink
rose

a box
une boîte

a TV set
un poste
de té évision

- Gifts
- Les cadeaux

What do you want for
your birthday?

Que veux-tu pour ton
anniversaire ?

I want ....

Je veux ....

a pen
un stylo

a watch
une montre

a necklace
un collier

3. How does Sneakers feel?
   Sneakers feels ....

4. What is Arthur's father doing?
   He is ....

3. Comment est Sneakers ?
   Sneakers est ....

4. Que fait le père d'Arthur ?
   Il ....

See You! Au revoir!

- **Going on Vacation**
- **Partir en vacances**

Where would you like to go for your vacation?

Où aimerais-tu aller en vacances ?

I want to go to
....

Je veux aller à
....

the seaside
la mer

the mountains
la montagne

the countryside
la campagne

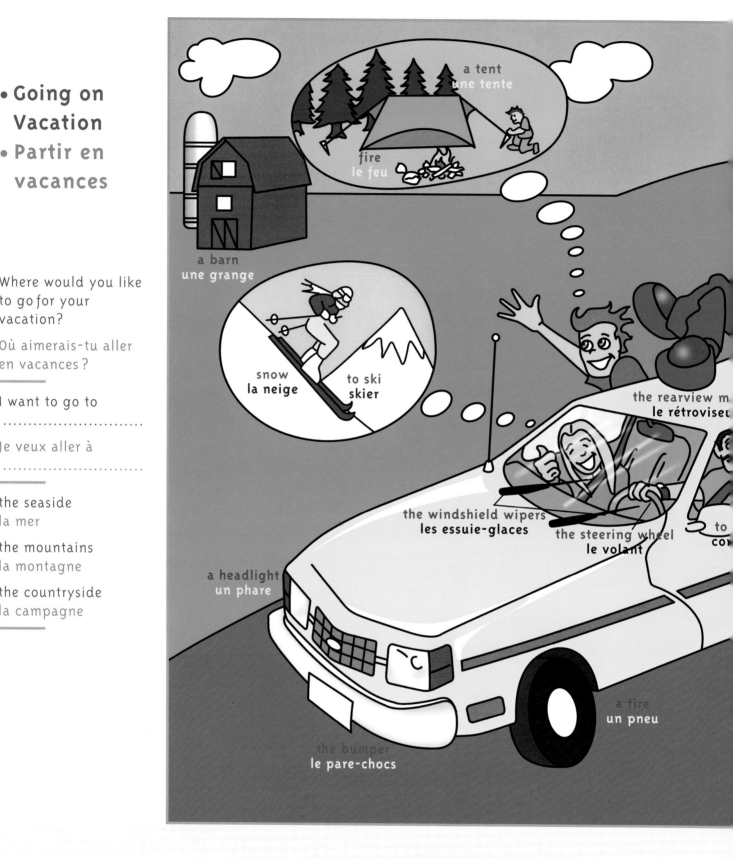

a tent
une tente

fire
le feu

a barn
une grange

snow
la neige

to ski
skier

the rearview m
le rétrovise

the windshield wipers
les essuie-glaces

the steering wheel
le volant

to
co

a headlight
un phare

a tire
un pneu

the bumper
le pare-chocs

1. Where is the family going?
   The family is going on ....

1. Où part la famille ?
   La famille part en ....

2. What is the father doing?
   The father is ....

2. Que fait le père ?
   Le père ....

It is eight in the evening.
Il est huit heures du soir.

• Saying
  Goodbye
• Dire au revoir

Thanks for everything!
Merci pour tout !

Take care!
Prenez soin de vous !

I'll miss you!
Tu vas me manquer !

See you soon!
À bientôt !

3. What did the father catch?
   The father caught a ....

3. Qu'a attrapé le père ?
   Le père a attrapé un ....

4. What is Sneakers doing?
   Sneakers is ....

4. Que fait Sneakers ?
   Sneakers ....

AT THE HOSPITAL

WHAT'S MISSING?

Find the missing letter.

BODY PARTS

fa **c** e	l **e** g
no__e	ar__
tong__e	e__e
fin__er	nec__
kne__	ea__
mou__h	ank__e
ha__d	wri__t
hai__	foo__
sto__ach	hi__
bac__	elbo__

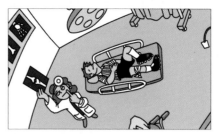

À L'HÔPITAL

QUE MANQUE-T-IL ?

Trouve la lettre manquante.

LES PARTIES DU CORPS

vi **s** age	jamb **e**
ne__	b__as
lang__e	œ__l
d__igt	c__u
ge__ou	ore__lle
bo__che	chevi__le
ma__n	poig__et
che__eux	pi__d
esto__ac	h__nche
d__s	co__de

AT THE AIRPORT

WHAT GOES TOGETHER?

Place an X on things that go together.

pilot/ticket	____
house/runway	____
airport/trip	____
suitcase/butterfly	____
toaster/passenger	____

Where do the things with X belong?

They belong in the _____
zoo, supermarket, river, airport.

À L'AÉROPORT

QU'EST-CE QUI VA ENSEMBLE?

Mets une croix en face des mots qui vont ensemble.

pilote/billet	____
maison/piste	____
aéroport/voyage	____
valise/papillon	____
grille-pain/passager	____

Où trouve-t-on les choses marquées d'une croix?

On les trouve _____
au zoo, au supermarché, dans la rivière, à l'aéroport.

BIRTHDAY PARTY
MAKE A LIST

List ten foods you like to eat.

1. _____ 6. _____

2. _____ 7. _____

3. _____ 8. _____

4. _____ 9. _____

5. _____ 10. _____

L'ANNIVERSAIRE
FAIS UNE LISTE

Cite dix aliments que tu aimes manger.

1. _____ 6. _____

2. _____ 7. _____

3. _____ 8. _____

4. _____ 9. _____

5. _____ 10. _____

SEE YOU!
FIND THE WORDS

Find the following words:
beach, sand, river, canoe, towel, ocean.

```
t  v  b  c  b  q  r  t  u
d  s  e  r  i  v  e  r  f
e  c  a  n  o  e  z  f  r
m  t  c  n  a  p  g  y  o
j  o  h  t  d  s  u  n  h
i  w  u  m  l  x  o  m  l
k  e  h  o  c  e  a  n  c
k  l  w  x  z  v  a  y  e
o  x  p  s  b  t  c  l  u
```

AU REVOIR !
TROUVE LES MOTS

Trouve les mots suivants :
plage, sable, rivière, canoë, serviette, océan.

```
a  n  o  r  d  o  i  h  a
b  i  c  r  i  c  a  n  o
s  e  r  v  i  e  t  t  e
a  l  i  b  r  a  t  z  e
b  a  v  c  a  n  o  e  s
l  o  i  s  i  m  a  v  z
e  h  e  p  l  a  g  e  t
v  i  r  u  p  f  m  a  u
x  o  e  p  s  t  b  c  l
```

Dans l'index, les verbes sont en gras et les adjectifs en italique. Les numéros de page sont donnés après chaque mot pour indiquer la page à laquelle ils se trouvent dans le dictionnaire. La lettre « P » signifie que le mot figure sur le poster.

A

B

c

D

E

F

G

H

hair - les cheveux 6
hairbrush - une brosse à cheveux 11
hairdresser - un coiffeur/une coiffeuse .... P
ham - du jambon 31
hammer - un marteau 23
hand - la main 36
handbag - un sac à main 11
hang (to) - suspendre 23
hanging → to hang 22
happy - heureux(euse) 9, 20
hard - dur(e) .... P
harp - une harpe 22
hat - un chapeau 10
have (to) - avoir 29
have fun (to) - s'amuser .... 22, P
head - la tête 37
headlight - un phare 42
hear (to) - entendre 20
heart - le cœur 20, 37
heavy - lourd(e) 32, 38
height - la taille 6
helicopter - un hélicoptère 21
hello - bonjour 8

hi - salut .... P
hide (to) - se cacher 29
high - haut(e) 32
hip - la hanche 37
hippopotamus - un hippopotame 28
hold (to) - tenir 32, 40
holding → to hold 32
horse - un cheval 28
hose - un tuyau d'arrosage .... 8, P
hospital - un hôpital 36
hot - chaud(e) 12, 32
hotdog - un hot dog 33
house - une maison 17
how - comment 9
how many - combien 12
hug somebody (to) - serrer quelqu'un dans ses bras 38
huge - énorme 29
hungry (to be) - avoir faim 28
hurry up (to) - se dépêcher .... P
hurt - blessé(e) 36
hurt (to) - faire mal .... P

I

ice - de la glace 33
ice cream - une glace .... 28, P
ice cream vendor - un marchand de glaces 28
in - dans 8
insect - un insecte .... P
inside - dedans 9
instrument - un instrument .... 22, P
intestine - l'intestin 37
iron - un fer à repasser 8
iron (to) - repasser 8

J

jacket - une veste 10
January - janvier 12
jealous - jaloux(ouse) 40
jewelry - des bijoux 11
job - un métier 26
journalist - un/une journaliste .... P

N

O

P·Q

T

Index

In the index verbs are shown in bold and adjectives in italics. Page numbers are given at each word to show where to find the word in the dictionary. The letter "P" indicates that the word can be found on the poster.

A

B

Index

Q

R

Index

W·X·Y·Z

U·V

Good Morning! Bonjour! pp 8-9

| 1. shaving | 2. bed | 3. furious | 4. sleeping |
| 1. se rase | 2. lit | 3. furieux | 4. dort |

Time to Dress L'heure de s'habiller pp 10-11

| 1. dressing | 2. turtle | 3. messy | 4. skirt |
| 1. s'habille | 2. tortue | 3. en désordre | 4. jupe |

Breakfast Le petit déjeuner pp 12-13

| 1. coffee | 2. ten | 3. eating | 4. freezer |
| 1. du café | 2. dix | 3. mange | 4. congélateur |

Off We Go! C'est parti ! pp 16-17

| 1. sky | 2. bicycle | 3. playing | 4. cat |
| 1. ciel | 2. bicyclette | 3. jouent | 4. chat |

At School À l'école pp 18-19

| 1. school | 2. triangle, square, circle | 3. learning | 4. teacher |
| 1. école | 2. triangle, carré, cercle | 3. apprennent | 4. maîtresse |

Feelings Les sentiments pp 20-21

| 1. ugly | 2. kite | 3. raccoon | 4. fly |
| 1. laid | 2. cerf-volant | 3. raton laveur | 4. mouche |

The Stage La scène pp 22-23

| 1. light bulbs | 2. two | 3. saxophone | 4. girl |
| 1. ampoules | 2. deux | 3. saxophone | 4. fille |

Downtown En ville pp 26-27

| 1. building | 2. police officer | 3. car | 4. police car |
| 1. bâtiment | 2. policier | 3. voiture | 4. voiture de police |

At the Zoo Au zoo pp 28-29

| 1. ice cream | 2. tiger | 3. giraffe | 4. elephant |
| 1. glaces | 2. tigre | 3. girafe | 4. éléphant |

Shopping Les courses pp 30-31

| 1. supermarket | 2. pay | 3. grocery cart | 4. limes |
| 1. supermarché | 2. payer | 3. Caddie | 4. citrons verts |

Sports Les sports pp 32-33

| 1. referee | 2. trophy | 3. soccer | 4. ball |
| 1. arbitre | 2. trophée | 3. football | 4. ballon |

At the Hospital À l'hôpital pp 36-37

| 1. hospital | 2. doctor | 3. crying | 4. water-skiing |
| 1. hôpital | 2. médecin | 3. pleure | 4. fait du ski nautique |

At the Airport À l'aéroport pp 38-39

| 1. Passengers | 2. runways | 3. heavy | 4. suitcases |
| 1. passagers | 2. pistes | 3. lourd | 4. valises |

Birthday Party L'anniversaire pp 40-41

| 1. candles | 2. birthday | 3. jealous | 4. taking a picture |
| 1. bougies | 2. anniversaire | 3. jaloux | 4. prend une photo |

See You! Au revoir! pp 42-43

| 1. vacation | 2. driving | 3. fish | 4. dreaming |
| 1. vacances | 2. conduit | 3. poisson | 4. rêve |